JN410552

〈동물의 왕국〉

그림자를 베다

박준영 시집

〈동물의 왕국〉

그림자를 베다

Poetics 시학

■ 책 머리에

넓은 시야, 깊고 따스한 마음을 위하여

김 재 홍
(문학평론가 · 경희대 명예교수)

1

박준영 선생, 그분은 내게 먼저 시인으로서보다 역량 있는 방송인의 모습으로 다가온다. 유능한 PD로 시작하여 KBS와 SBS 등 방송사의 간부로서 최근에는 방송위원회 상임위원으로서, 오늘에는 국악방송의 사장으로서 다양한 활동과 이미지를 보여줘 왔기 때문이리라.

그러나 무엇보다도 내게 인상적인 부분은 시인으로서 그분의 참모습이다. 오랜 세월 시를 써 오고 등단하여 시집까지 펴낸 당당한 시인이지만 결코 자신을 시인으로 내세우지 않고 오히려 시인이라는 호칭을 어색해하고 부끄러워하는 그야말로 시인다운 시인으로서의 내면을 간직하고 있는 분으로 받아들여지는 까닭에서 그러하다. 그러면서도 겸허하게 꾸준히 시작과 시학공부에 열성을 보이면서 인연 맺어온 시인들, 특히 김규동 시인을 신의 있게 끝까지 성심성의 모시고 함께해 온 진실한 모습을 지니고 있어서 언제나 고개를 숙이게 만들어 주기도 한다.

또한 그분은 동요작가, 더 정확히 말하면 만화영화 주제가 작사가로서 숨겨진 내면의 진실을 지니고 있는 분이기도 하다. 우리가 잘 알고 있는 「미래소년 코난」이나 「호호 아줌마」를 비롯하여 히트송인 「개구리 소년 왕눈이」 노래에 이르기까지 수십 편의 만화 영화 주제가 작사로 어린이의 꿈과 상상력을 마음껏 펼쳐 보여 준 소년의 모습을 지니고 있다는 점에서 나는 그분을 존경하기도 한다. 동심이란 무엇이던가? 가장 순수한 인간의 모습, 원형적인 상상력과 소망을 꾸밈없이 표현한다는 점에서 동심은 바로 진심이고 그것은 또한 모든 시심詩心의 원형상징archetypal symbol이라 할 수 있지 않겠는가! 그러기에 그분이 한평생 방송인 생활을 계속하면서도 이채로운 동요작가로서, 아니 시인으로서 진실한 내면을 끝까지 간직해 올 수 있게 된 것이 아닐까 하는 뜻이다.

흔한 표현대로 그분은 흔한 시인이 아닌 진짜 시인의 모습을 간직하며 한 생애를 열심히 최선을 다해 성심성의 살아오신 분이 아닌가 한다. 그 점에서 나는 언제나 그분에게 든든한 삶의 동반, 아름다운 동반으로서 늘 좋은 느낌을 갖곤 한다는 점을 이 기회를 빌려 고백하고자 한다.

2

첫 시집 『도장포엔 사랑이 보인다』와 두 번째 시집 『장안에서 꿈을 꾸다』, 세 번째 시집 『얼짱, 너는 꼬리가 예쁘다』에 이어 이번에 네 번째 시집 『동물의 왕국—그림자를 베다』를 간행하는 박 시인을 기리는 뜻에서 이 작은 서문을 써서 그분 앞날의 문운과 건강을 축수하는 바이다.

고향 물 내음 운명의 묘약이던가
단 한 방울의 민비린내 따라
수천 킬로 출생의 물길 찾아
범고래 바다사자 곰 이빨 용케 피해
천에 네 마리 꼴로 강으로 올라온 승자

숨 가쁘게 달려온 상류의 자갈밭은
몸 푸는 낙원이자 바로 무덤
생명의 여행은 끝나건만
아직 못다 푼 원이 남아
풍요로운 바다가 길러 준 몸 갈가리 풀어 헤친다

알에서 깨어난 새끼의 먹이가 되어 주고
겨울 잠 준비하는 곰의 몸 한껏 불려주고
그러고도 남은 살과 뼈는 썩고 또 썩어
척박한 대지에 송두리째 보시한다

죽은 연어의 훈장으로 빛나는 산과 강에는
다시 꽃이 피고 새소리 울음도 해맑갛다

—「낙원과 무덤사이—연어」 전문

얼핏 뽑아본 이 한편의 시는 시집 전체 내용의 한 득싱을 신명하게 제시해 준다. 그것은 연어를 통해 생태계를 들여다보면서 그 생명법칙과 질서를 묘파함으로써 생명의 순환질서와 운행원리, 그리고 그러한 생명의 의미와 교훈까지 탐구하고자 하는 데서 그 의미가 드러난다. 이러한 생태 특성과 생명 질서의 탐구는 지상 위에 목숨 붙이고 살아가는 뭇 생명들에게로 확대되고 심화되면서 그야말로 동물의 왕국을 펼쳐 보여 주는 데서 흥미를 자아낸다.

그러나 시인의 근본 의도는 단지 동물의 왕국에서 그 생태계와 생명질서를 들여다보고 묘사해 내려는 데 놓여지는 것은 아니다. 오히려 시인의 중심의도는 그러한 생명의 다양한 모습, 생명현상과 생태계를 탐구하는 가운데 그 속에서 인간이란 무엇이고 또 어떻게 살아가는 것이 보람 있고 가치 있는 일인가를 지속적으로 보여 주려 노력하고 있다는 점에서 시의 특징이 드러난다.

이 시에서도 그렇지 아니한가? 연어의 한 생애를 통해서 바람직한 삶의 길이란 모천회귀 모티브와 그 의미추적과정으로서 생이란 생존 경쟁의 원리이자 적자생존의 법칙 위에 놓여지는 것임을 제시한다. 나아가서 “숨 가쁘게 달려온 상류의 자갈밭은/ 몸 푸는 낙원이자 바로 무덤// (…중략…)/ 풍요로운 바다가 길러 준 몸 갈가리 풀어 헤친다// 알에서 깨어난 새끼의 먹이가 되어 주고/ 겨울잠 준비하는 곰의 몸 한껏 불려주고/ 그러고도 남은 살과 뼈는 썩고 또 썩어/ 척박한 대지에 송두리째 보시한다”와 같이 근원을 잊지 않는 인간의 길, 받은 은혜를 모두 세상에, 사람들에게 돌려주고 가는 음수사원飮水思源, 살신성인殺身成仁의 깊은 의미를 되새기게 해 주고 있는 것이다.

그렇다! 이점에서 이 시집은 생태시, 환경문학이라는 표층구조를 바탕으로 바람직한 생명의 길, 참다운 인간의 길을 제시하고자 하는 데서 근본목표가 드러나는 것으로 이해된다. 그만큼 시인의 시를 쓰는 자세와 저력이 인간적인 넓이와 깊이로 확대되고 심화

된 모습이라고 하겠다.

3

무엇보다도 내가 박 시인을 생애의 한 아름다운 도반으로 생각하는 것은 그분의 인간적인 면모 때문이 아닐까 생각한다. 너무 무겁지도 않고 가볍지도 않은 중용의 철학, 지나치지도 모자라지도 않은 조화의 철학에서 우러나온 성실성과 겸허함을 언제나 나는 공경하고 사랑한다고 하면 지나친 표현이 될 것인가? 여러 해를 함께 지내 오면서도 언제 어디서나 형편이 허락하는 만큼 성심성의를 다하려는 그분의 인간존중, 자기존경과 운명애의 몸짓을 나는 여러 차례 종종 발견하고 감사하게 느껴온 때문이리라. 사장의 직위에 있으면서도 끊임없이 상대편과 눈높이를 맞추어 인간에 대한 예의를 지키려고 노력하는 그분의 모습은 때로 내 마음속에 잔잔한 감동을 불러일으켜 왔다고 하겠다.

박 시인의 삶이 그렇듯이, 그분의 시는 충분히 젊고 싱싱하기에 그의 출발은 이제부터라고 하기에 충분하다. 부디 이러한 젊은 시정신이 그의 시를 더 높은 경지로 이끌어 올리는 새로운 동력이자 추진력이 되기를 기대한다.

개인적인 면에서도 그분은 늘 적절한 거리와 관계를 유지하면서 언제나 나와 나의 하는 일들에 깊은 애정과 관심을 표시해 왔기 때문이다. 그러면서도 한결같이 사람에 대한 관심과 우의를 변치 않는 것을 보면 그분의 인성 자체가 그렇게 본받을만하지 않은가 여겨진다는 뜻이 되겠다.

이번 새 시집을 계기로 선생님의 젊은 정신과 경험한 삶의 자세가 한결 원숙한 시혼으로 발전해 가기를 기원하고 희망한다.

■ 시인의 말

동물의 왕국 빗장 열기

악하고
독하고
무엇보다 만물의 영장이라 뻐기는
인간이란 동물, 그 속에 먼지 한 점인

나

히틀러도
스탈린도
부처나 예수도 될 수 있는
내 속의 다른 나

이 모두가 내 속에 살아 숨 쉬고
한 몸에서 서로 비집고 고개 치켜드는

나라는 인간 동물을 고발한다.

차 례

제1부 동물의 왕국

제2부 원초적 본능

제3부 쿠데타 성공하다

제4부 차이

제1부

동물의 왕국

먹는 자와 먹히는 자

치타보다 빨라야
살아남을 수 있고

훨훨 날아 뛰는 임팔라보다 더 빨라야
배를 채울 수 있다

잡아먹으려는 놈과
먹히지 않으려는 자
공존의 그늘은 어림없다

삶과 죽음의 경계
아무도 그을 수 없다
있는지도 없는지도 모르는
하늘의 신조차도

오래된 진실

먹고
먹히고
싸고 또 싸 대고
대대로 손 이어 번창하고픈
나도 모르게 내 DNA를 길이길이 남기고 싶은
그래서 영생하고 싶은 이 놀음

배불리 먹기 위해
짝을 차지하기 위해
죽자 살자 싸우는 것
치고 할퀴고 물어뜯고 잘도 싸우는 것들

우주가 없어지고
또 생길 때까지라도 계속될

아무도, 자기들도 모르는 법칙
세상이 다 변해도
오직 살아남아야만 하는 본능만이

아름답다고 박수 받는
오래된 진실 하나

세상에서 제일 무서운 놈

— 동물원에서는 무서운 놈들만 가둬 놓는 우리가 따로 있다.
대개 높은 철망이나 쇠창살에 해자까지 파두거나
"맹수 조심"이란 팻말이 여기저기 붙어 있다.

백수의 왕 사자 무리 조는 듯 노려보고
표범도 이 나무 저 나무 안절부절 오르내린다
호랑이 몇 마리 꼬리 내리고 어슬렁어슬렁
개코원숭이 제 새끼 이 잡아 주느라 눈길 한번 안 준다
턱뼈 사나운 하이에나도 무리 지어
— 어쩔 거냐 제까짓 게

드디어 맨 마지막 우리 앞엔
철망도 해자도 없이
오직 커다란 거울 하나 오가는 사람 모두 비추며
팻말 하나 커다랗게 붙어 있다

"특히 조심 — 세상에서 제일 무서운 놈
게다가 악하거나 독하기까지도

더러는 악독하기도 한 놈”

사람 조심!!

지문이 다 닳도록

— 영장류

1) (눈에 보이지도 않는 세균이나, 사자나 표범 같은 맹수 속에서 살아가는 영장류가 제대로 가진 필살기라곤 하나도 없다)

독수리처럼 눈이 밝은 것도 아니고
곰처럼 냄새를 잘 맡는 것도 아니다
오직 무리 지어 떼로 덤비는 수밖에

떼 지어 살자니 이 땅 여기저기 내전이 격화되고
싸움 끝에 서열이 줄줄이 정해지고
대장은 동삼 뿌리나 살코기만 골라
그것도 배터지도록 처먹어 대고

약한 놈이 굶어 죽지 않고 살 길이라곤
대장 마누라나 그 새끼 이 잡아 주고
없는 이라도 샅샅이 찾아서 잡아 주고

2) (인간이란 동물이 누구더냐
1억 8천만 년 전 포유류 최초의 원형이 생겨나

8천만 년 전 침팬지 비슷하게 진화해서,
260만 년 전 석기를 쓸 줄 아는 할아버지 은혜를 이어받았다.
그사이 세 배로 커진 뇌의 활약으로, 오늘날 만물의 영장이 되어
터득한 삶의 지혜가 바로 끼리끼리 뭉치고
강한 자에 비빌 줄 아는 이 기막힌 실력 아니더냐)

비벼야
발이 손이 되도록 빌고
꼬리 쳐야
손이 발이 되도록 꼬리 쳐야 산다

자, 비비자 지문이 다 닳도록
꼬리 치자 세상이 다 닳도록
이 세상은 비비고 꼬리 쳐야 살아남는다

천부당만부당

— 사람과 침팬지의 유전자 구조가 놀랍게도 무려 98.77퍼센트가 같다는 연구 결과가 나왔다는데, 그 다른 1.23퍼센트가 뇌 유전자의 차이, 특히 혀와 입술의 유전자 돌연변이로 인간이 말을 잘할 수 있게 된 구강 구조와(아, 참 이걸 톱니효과라 하던가) 그리고 그 말을 잘할 수 있게 하는 사유 능력의 차이라는데……

그러면 침팬지 그놈을 '인간' 이란 호적에 올려도 하등

이상할 것 없겠다?

이것저것 아무거나 잘 처먹는 잡놈인 데다

약하고 마음에 안 드는 이웃 왕따 시키기도 잘하고

무리 전쟁 일으켜 동종끼리 살육도 거침이 없는

그놈들이라면

"얼씨구 좋다" 침팬지 동네에서 환호성이 터질 줄

알았는데

"결사반대! 죽어도 안 돼!" 하고 그놈들이 먼저

야단이라니

입에 침도 안 바르고도 저 거침없는 청산유수에
그 말 속에 독 발톱이 숨겨져 있거나
교묘하게 속여먹는 꾀 쏙 뽑아 후대에 물려주거나

한둘이 아니고 수천 수백만을 통째로 죽이려는
동종 사냥꾼
녹색 생명터전 송두리째 말아먹을 공해 주범
인간이란 괴물과
이 침팬지님이 같은 족보에 올라?
천부당만부당 암 천부당만부당이고말고

열반제
— 매미

1)

깊은 땅속 고행 7년에
신새벽의 우화羽化
한순간의 역사役事는 이루어진다

지구 40억 년의 꿈
단 이레의 노래로
생명 불태우는 끈질긴 곡조 하나

저 무서운 단출함을 보라

2)

지상의 단 보름을 위해
육칠 년의 땅속 적공

온몸을 다해 뽑아내는 가락은

오직 수컷의 사력을 다하는 구애의 노래일 뿐
순간의 오르가슴은 바로
수컷이 주는 사약 사발

나무껍질 파고 마흔 고개의 산고를 참으며
여기저기 알을 까자마자 저세상으로 뚝 추락한다

대를 잇기 위한 저 장렬한
열반제

어미 코끼리 한 마리

일 년 내내 비 한 방울 뿌리지 않고
갓 태어난 코끼리, 무리를 따라 비실거린다
따가운 땡볕은 고삐를 늦추지 않고
강바닥을 태우고 있다

태양은 눈곱만큼도 자비를 베풀지 않는다
새끼는 쓰러지고
아무리 일으켜 세우려 해도 꿈적도 않는다
어미에겐 한 하늘이 무너져 내리고

가족들이 허기를 채우러 먹이를 찾아 자리를 떠나도
어미와 할미는 자리를 뜰 기미조차 없다
자식의 죽음을 거부하듯 환생을 기다리듯
제 몸으로 그늘을 만들어 주고 있다

마른 열기는 채 여물지도 않은 사체의 물기조차
바로 빼앗아 가고 새끼는 뼈를 드러낸다
그제야 죽음을 받아들인 가족들, 빙 둘러서서

어린 새끼의 뼈를 만져 보고 쓰다듬어 보고 핥아 주며
영혼을 달래 주는 진혼의식이 한동안 계속된다

무리가 발길을 옮겨 가도
그러나 끝내 자리를 뜰 줄 모르는
어미 코끼리 한 마리

바다의 교향시
— 먹이사슬

달팽이 담장 기듯 태양이 북반구를 기어오른다
햇빛이 바다 살결 어루만지기만 해도
북극 얼음 눈물을 쏟아 내며
식물 플랑크톤, 마법처럼 녹색 바다로 출렁인다

정어리 청어가 그 플랑크톤 잡수러 무리폭풍 이루면
그 뒤를 쫓아 바다표범이 줄을 잇고
그 놈들 노려 고래 무리 떼 지어 모여들고
집채만한 귀신고래 잡아먹기 위해
간 큰 범고래 하루해가 짧다

암청어가 해안가 수초에 알을 까면
수놈이 뿌린 정액으로 온 바다가 우윳빛 벨트 이루고
알 집어삼키는 새 떼 노려 물수리 공중곡예 찬란하고
죽어 가라앉는 고래 몸보시가 저승 가서도 바쁘다

처얼썩 쏴—, 철썩 쏴쏴아

오늘 바다는 위대한 몸부림으로 한창이다
먹고 먹히고, 먹히고 먹는 생명 있는 것들의
이 아름다운 바다 노래여!

멍텅구리 아빠
— 가시고기

일본 원전 사고로 방사선 요오드와 세슘이 비를 타고 내릴까봐 모두들 전전긍긍 야단입니다. 비 맞으면 큰일 난다고 아빠도 걱정입니다. 그러면서 하나뿐인 우산을 저만 씌워 줍니다. 저 받쳐 주느라 혼자 비를 다 맞으면서…… 아빠는 바보 멍텅구리

아무도 모르지
어제 죽어 간 이들이 그토록 살고 싶어 하던 오늘이
왜 난바다에 내던져졌는지를

나도 모르지
암내를 맡고 제 몸이 왜 흑청색으로 변해 가는지를
암놈이 깔아 놓은 알둥지 따라
애지중지 아끼던 정액 다 쏟아 놓고
모래 파고 물풀 모아 왜 새끼 요람 만드는지를

너도 모르지
입깃이 떠닌 물속에서 혼자 배곯으며
새끼 배 채워 주러 허기진

내 몸을 풀어 보시해야 되는지를

아, 하늘만이 아는 일
죽어서야 보이는 길
저 새끼들이 저렇게 노니는 물길이
내가 죽어야 비로소 열리는 생명길이라는 것을

이 버러지만도 못한

나는 벌레일까, 사람일까
사실은 우리가 하찮다고 생각하는 벌레일지 모른다
버러지, 버러지만도 못한 놈이 아닌 것만도 다행이지

누가 그랬나
신이라는 것도 실은 그 벌레 중에 좀 빛나는 존재라고

그러니 벌레를 하찮은 존재라고 괄시도 말며
신이라고 굽실굽실거리지도 말지니

모두 벌레거나
벌레보다 조금 빛나거나
버러지만도 못한 놈일 수 있으니

낙원과 무덤 사이
— 연어

고향 물 내음 운명의 묘약이던가
단 한 방울의 민비린내 따라
수천 킬로 출생의 물길 찾아
범고래 바다사자 곰 이빨 용케 피해
천에 네 마리 꼴로 강으로 살아 올라온 승자

숨 가쁘게 달려온 상류의 자갈밭은
몸 푸는 낙원이자 바로 무덤
생명의 여행은 끝나건만
아직 못다 푼 원이 남아
풍요로운 바다가 길러 준 몸 갈가리 풀어 헤친다

알에서 깨어난 새끼의 먹이가 되어 주고
겨울잠 준비하는 곰의 몸 한껏 불려 주고
그러고도 남은 살과 뼈는 썩고 또 썩어
척박한 대지에 송두리째 보시한다

죽은 연어의 훈장으로 빛나는 산과 강에는
다시 꽃이 피고 새소리 올봄도 해맑다

늑대의 반란

백년도 더 버틸 무쇠창살 안에
파도 파내도 발톱피만 터져 나올
시멘트 바닥 위에 홀로 갇힌 무기수
생각마저 끊긴 위리안치*

붓도 먹도 종이 한 장 없는 이곳
세 평 우리를 돌고 또 돌다가
지치면 먼 산 바라보는 게
하루 일과의 전부인 나날들

세포 안에 꼭꼭 숨겨 둔 기억 한 점 펴 올려
욕망우산 하늘처럼 펼쳐 들고
멧돼지 한 마리 쫓아 할퀴고 물어뜯고 싶은
이 생명의 순수를 어쩔거나

우-----아-----우---아---우---
부모형제 이모고모 외삼촌 다 불러 모아
이 산 저 산 달빛 울음으로 뒤덮어

천지개벽하고 싶다 참 하고 싶다

우----어------우--어------우--------------------------------

* 귀양지에서 외부와 접촉하지 못하도록 가시로 울타리를 만들고 죄인을 그 안에 가두어 두던 일.

호랑이 왕국 흥망사

— 올해가 경인년庚寅年 호랑이해라고 야단법석이다. 그 용맹스러움, 산신령 같기도 하고, 산신령 심부름꾼 같기도 한, 사람과 담배를 나눠 피우기도 하고, 까치 더불어 장난 치고, 토끼 재롱 받아 주는. 그런데 우리는 웅비하는 호랑이지 토끼는 아니라고…….

1)

비슈누상*도 힘겨워 드러눕고만 숲속에
호랑이 삼대가 살아가는데
사슴 무리도 원숭이 떼도 자칼 일가족도
그 앞에선 오금 못 펴고 슬슬 기며 살아가는데

한동안 숲속을 호령하던 할아버지에게
겁도 없이 손자 녀석이 도전장을 놓는다
밤새 천하를 놓고 벌이는 이 패권 다툼에
한숨도 못잔 숲속 동물들은 숨을 조이며 지켜본다
쿠데타에 성공하고 새 왕으로 등극한
저 혈기왕성한 권력자를

2)

새끼 두 마리를 먹이느라 등골이 휜 어미 호랑이
서둘러 새끼들을 데리고 숲속을 빠져나간다
제대로 먹지도 못하는 할아버지 호랑이는
죽을 곳을 찾아 절뚝거리고
새 우두머리는 다른 수컷이 낳은 새끼들을
모조리 물어 죽인다

죽은 새끼 어미와 신방을 차린 대장 호랑이는
사나흘간 수십 번도 더 사랑을 나누고
철 따라 카멜레온처럼 변하는 비슈누신상은
잠에 곯아떨어져
아, 세상은 태평성대?

---

* 힌두교의 세 주신 중 하나로 창조의 신 브라흐마, 파괴의 신 시바와 함께 세계의 보전 질서를 맡았다고 함.

만세 만세 만만세
— 박테리아

1)

글쎄 큰 별이 작은 별을 잡아먹는대 항성이 행성을 잡아
먹는 장면을 허블 우주망원경이 봤다나 그럼 우리 어미
태양도 제 새끼 지구 잡아먹는 날도 오겠네

힘센 군대는 약한 백성 피골을 씹어 삼키고
사자 무리는 들소를 잡아 배 불리고
들소는 풀을 뜯어 배 속을 채우고
참매는 까치를 채고 까치는 잠자리를 쪼고
잠자리는 모기를 저녁거리로 삼고
모기는 장수 피를 빠나니

얼마나 운이 좋은가
올해에도
모기에게 물리다니*

2)

들소를 잡아먹던 천하무적 사자도 박테리아로 쓰러져
육중한 몸뚱어리는 썩어 흙을 기름지게 하고
흙은 싱싱한 풀을 키우고
그 풀은 들소를 살찌워
사자의 먹이가 되나니
생명 있는 것들의 이 영원한 윤회에
최후의 포식자, 그의 이름은 눈으로는 볼 수 없는
만세! 만세! 박테리아 만만세!!

---

* 일본 하이쿠 시인 고바야시 잇사小林一茶의 단시 인용.

에라 이 불쌍한 놈들아
— 참새가 보낸 편지

그렇게 단백질이 부족합니까
아니면 세상살이 재미가 그리도 없나요
고무총 새총에 얻어맞고 나 비록 잡혀 왔지만
털은 송두리째 벗겨져
꼬챙이 끼인 채 뜨거운 불고문 지글지글
매운 고추장 덕지덕지 발라 아작아작
소신공양까지도 다 좋다 칩시다

배를 채우고도 자유로이 뒤우뚱거리기는커녕
또 잡아먹을 놈, 등쳐먹을 놈
벗겨 먹을 놈, 뒤집어 씌워 구워 먹을 놈 없나?
만날 맨 땅에 빌붙어 기는 저 인간 놈들 꼴이라니

나처럼 날기라도 하면 밥값,
아니 참새 값이라도 하지 않겠소
그러고도 자유니 해탈이라니!
에라 이 어리석고 불쌍한 놈들아

잠자리의 꿈

톡—톡 물을 치고 난다
더러는 암수 짝을 지어 신혼 비행
투욱—툭 물장구치며 씨를 심는다
부끄러울 건 없다 하객은 햇빛과 바람뿐

잠자리도 한 철
대여섯 수컷을 번갈아 가며 즐기기에 암컷은 바쁘다
막차를 탄 수컷은 먼저 다녀간 연적의 정충을
죽을 힘 다해 뽑아내기도 한다
"내 씨앗을 뿌려야지, 내 씨를!"

경보! 사이렌이 요란하다
암컷을 낚아채 가려는 경쟁자의 목숨 건 도전
대낮 잠자리에서 신부를 빼앗긴 신랑의 분노는
이글이글 고독으로 불타오르고

원래 마음이 없는지 비웠는지 모를 태양은
선과 악을 가리지 않는다
무심, 살아남은 자를 비출 뿐

지렁이도 밟으면 꿈틀

지렁이와 다정하게 얘기를 나누자
어차피 다 함께 흙으로 돌아갈 몸
지렁이처럼 흙과 더불어 놀자
흙 묻은 바지 탈탈 털지 말고

무지렁이인 줄 알았더니
저 답답한 꾸물거림이 내 생각의
조루증을 싸아악 씻어 주는
둘도 없는 나의 도반이요 스승이라

지렁이도 밟으면 꿈틀
"네, 네에" 한평생 손만 비비지 말고
나도 가끔은 꿈틀거려 보자
하늘은 사람과 지렁이를 가리지 않는다 했거늘

내가 왕이다

수사자 두 놈이 한판 붙는다
암컷을 걸고

앞발로 차고
또 한발론 후려 팬다
이빨로 물어뜯고
온몸으로 짓뭉개고 나뒹군다

이빨과 이빨
발톱과 발톱
피투성이와 날카로움

마침내 한 놈
다리를 절룩거리며 줄행랑을 친다

이긴 놈 초원이 다 흔들리도록 포효한다
내가 왕이라고, 천지는 내 것이라고

완전 무죄

상품上品으로 고르고 골라
손孫 이을 씨감자 심고 내다 버린 잔챙이들
햇볕 이불 삼아 하늘 꿈만 꾸는데
아직도 시린 바람
지수화풍의 도움으로 모진 생명 싹을 틔워
하늘하늘 춤을 춘다

새끼 밴 털갈이 암소 한 마리
몇 미터 줄에 매여 세상을 살아가는데
출출한 참에 무료를 씹기 위해
목을 길게 빼 대代 이을 하늘씨감자 순을
싹둑,
인정사정 볼 것 없이 먹어치운다

하늘 눈망울보다 더 순한 소
하…… 외로이 맑은 눈을 가진 그도
먹어야 사나니
완전 무죄다

피지도 못한 하늘씨감자 순은
그래서 더 슬프다

수염이 석 자라도 먹어야 양반이라

— 문어는 한 이틀 굶으면 제 다리라도 잘라 먹고, 생선이나 쥐를 먹지 못하면 고양이는 눈이 먼다 영양이 부족한 토끼는 제 똥이라도 먹어 치운다는데

하루 세끼 먹고 또 먹고 먹어 대는 인간은
수염이 석 자라도 먹어야 양반인 기라

구워먹고쪄서먹고 데쳐먹고삶아먹고
으깨먹고갉아먹고 파서먹고졸여먹고

절여먹고삭혀먹고 비벼먹고싸서먹고
갈아먹고회쳐먹고 볶아먹고튀겨먹고

배고픈 놈은 배고파 죽고 약삭빠른 녀석은 훔쳐먹고
높은 양반은 뺏어 먹고 배부른 놈은 배 터져 죽는다

수염이 석 자라도 먹어야 양반이라

애완견
— 남과 여, 변화의 시작

면도하셨어요?
애프터 세이브는 이거고요
낮에는 저 로션을 바르세요

검정 양복에 흰 와이셔츠
넥타이는 결혼식 때 매던 빨간 그게 더 어울릴 거예요
머플러는 보라색 있지요 그걸 하세요

아니, 난 캐주얼로 하고 싶은데
아이 참, 사람 모이는덴 내 시키는 대로 하라니까요
옷이 날개라고 나이 들수록 멋 좀 내세요

모처럼 쉬는 날 등산복 입고
뒷산이나 어슬렁거렸으면 좋겠는데
— 무기여 잘 있거라
　남자는 사라지고 애완견이 납신다

살아남는 게 진리다

어미 새가 알을 깐다
오뉴월 하루 볕이 무섭다고
먼저 깨 나온 형이 막내보다 눈에 띄게 크고 튼튼하다

가뭄이 들고 먹이도 말라 버리면
형이란 놈이 어미가 물어 오는 먹이란 먹이는 죄다
낚아채 먹어 치운다
빈익빈 부익부 못 먹은 놈은 야윌 대로 야위어 가고

죽어라 날라다 주는 어미 먹이도 숨에 차지 않자
약한 동생을 두 큰 형이 작당해 쪼기도 하고
아뿔싸! 둥지에서 밀어내 떨어뜨려 죽인다
어미는 못 본 체, 어쩌겠나 강한 놈이나 살아야지

하느님이고 부처님이고 도덕이고 뭐고
살아남는 게 곧 진리인 이 사바세계에
그래 할 말 있으면 어디 해 보시지요

네에, 예수님, 부처님?

어미

들소 어미는 제 새끼 앞에선
사자 따윈 무섭지 않다
뿔로 들이박아 물리쳐야 할 놈일 뿐이다

북극 갈매기 어미는 흰 여우가 덤벼도
꿈쩍 않는다
감히 품은 알 넘보는 녀석 쪼아 쫓아 버려야 할
부랑배일 뿐이고

수리부엉이는 그 큰 몸집에도 먹지 않아도
하나도 배고프지 않다
낚아채 온 들쥐를 부리로 발톱으로 찢어 새끼에게
먹여야 제 배가 불러 온다

사람의 어미도
오직 제 자식밖에 모른다

천하대장군 지하여장군

— 장승

1)

깎고 쪼고 파고 다듬어
눈에 생명을 불어넣고
암수로 짝을 지어
합방까지 시켜서
세운다, 자기 모습을

2)

그런데 인간이란 이 고얀 놈은 발전과 진화라는 미명하에 이제는 시간의 자식이라는 하늘의 이치마저도 까먹고, 모두 까먹어 버리고 사랑이니 자비니 분칠을 해 가지고서 영생이니 열반이니 그럴싸한 말까지 다 주어 모아 십일조니 보시니 기기묘묘한 단어로 무장한 다음 온갖 유정有情 무정無情들을 삶아 먹고 데쳐 먹고 구워 먹을 잔꾀 찾느라 실험실 불빛은 꺼지지 않는다

드디어 그중에서도 제일 영악한 놈들이 자기네들 어진 백성 등쳐 먹는데 한둘은 성에 안 차 죄다 몰살시킬 최첨단 연구에 연구를 거듭, 펀드니 글로벌이니 경쟁력이니 하면서 초록별 지구까지 썩어 문드러지게 해 통째로 거덜 낼 궁리나 하고 있으니

3)
빌고 빈다
장승 세우던 초발심으로 돌아가
잘난 사람 못난 사람 두루두루 복 받고
우리 동네 잘 살게 해 주십사 하고

제 마음 믿지 못해
이 말 못 하는 벅수에게
천 번 만 번 빌고 빈다

매일 죽는, 그러나

— 피닉스

1)

밥 먹고 때 되면 다시 배고파지듯
이 하늘 아래 생명 받은 자 죽음의 문은
어김없이 누구에게나 찾아온다

천번 만번 꿈꾼다 영원히 죽지 않는 꿈을

그러나 여기 이 새 한 마리
오백 년에 한 번씩 향나무로 둥짓불 피워
불구덩이에 제 몸 던져 스스로를 불살라 버리는데도
잿더미에서 다시 솟아올라 눈부신 빛 발하나니

2)

우리와 똑같이 육신의 몸으로 태어나
형상으로는 보이지 않지만
죽어도 죽지 않고 살아계신 분 옆에 모시고

누구는 주여! 찾기도 하고
더러는 부처님! 매달리기도 하고
또 어느 곳에서는 알라여! 하며 모든 걸 건다

제 혼자 제 새끼만 잘 살려고 허덕거리는 놈은
육신이 무덤에 들자마자 사라져 버리기 쉽지만
매일 죽어 자기를 버리는 자만이
죽어서도 산 사람 구하나니

매일 죽는, 그러나 영원히 사는 길 옆에 두고도
오늘 하루 살고자 영원히 죽는
아스팔트 길 위만 골라 쌩쌩 달리는
네 이놈, 이 지상의 하루살이들아!

---

* 전설적인 새 불사조는 중국에서 불봉황火鳳凰, 서양에서는 피닉스Phoenix 등으로 불림. 더러는 어떠한 어려움이나 고난을 뚫고 이겨 내는 사람을 일컫기도 함.

뻐꾸기 둥지 위로 날아다니는 인간들*

뻐꾹 뻐꾹 뻐꾸기의 노래가
뻐꾹 뻐꾹 아름답게 들리네**

봄이 오면 산과 들에 천사같이 찾아오는 이놈들은 알고 보면 얌체요 사기꾼들인 기라 사람 빰치게 세상을 살아가는 재주 좀 보소 개개비나 종달새가 둥지에서 알을 낳고 외출을 하면 기다렸다는 듯 어미 뻐꾸기란 년은 모양도 크기도 색깔도 닮은 알을 타이밍도 절묘하게 맞춰 쏙 낳고 떠난다 한술 더 떠 둥지를 떠날 땐 먼저 낳은 남의 알을 새참으로 먹어 치우기도 한다 이런 줄도 모르고 개개비는 모정의 열기로 몇날 며칠 식음을 전폐한 채 알을 품고 부화 시킨다 그런데 눈도 채 못 뜨고 털도 안 난 벌거숭이 새끼 뻐꾸기의 행실은 어떤가 생부모의 피를 타고났는지 아직 부화되지 않은 다른 알이나 알에서 갓 깨어난 새끼를 본능적으로 둥지 밖으로 밀쳐 낸다 일찌감치 경쟁자를 없애 버리고 대리부모가 물어다 주는 먹이를 독차지하기 위해서란다 한 보름 지나면 둥지가 비좁을 정도로 웃자란 놈은 식성도 좋아 먹이 달라고 조르고 또 보챈다 대리모는 해 뜨기 무섭게 긴긴 여름 날 먹이를 잡아 오고 똥을 갈아 치우느라 몸은 반쪽이 된다 세이레쯤 더 지나면 나는 연습을 거듭거듭, 날기에 자신이 붙으면 풀벌레가 가을 노래를 부를 즈음 인사도 없이 남쪽 나라로 생모 따라 날아가 버린다 다음 해 또 개개비를 속여 먹을 사기꾼의 피와 반역의 유전자를 뜨겁게 지닌 채

누구는 뼈빠지게 땀 흘려도 풀칠하기 어려운 세상에
한량파 복부인파 펀드파 등
뻐꾸기 둥지 위로 날아다니는 인간 철새들에겐

뻐꾹 뻐꾹 아름다운 노랫소리
뻐꾹 뻐꾹 사시장철 들려오는 저 달콤한 왈츠
— 땀 적게 흘리고 많이 챙겨 먹어라
　이게 경제철칙이요 승자의 처세술이니

빼꾹 빼꾹 빼꾸기의 노래가
빼꾹 빼꾹 속지 말라 들리네

---

* 밀로스 포먼 감독, 잭 니콜슨 주연, 정신병동 내의 비인간적 삶을 다룬 영화 〈빼꾸기 둥지 위로 날아간 새〉 (1975년 미국 제작)의 제목에서 생각을 얻음.

** 스웨덴의 작곡가 요나손이 쓴 〈빼꾸기 왈츠〉 노랫말에서 따옴.

쉬잇!

염천교 다리 밑에 햇살 맑으니
봄 준비 바쁜 거지들 이 잡기 정신없네

석 달 동안거 참선 스님 때 벗겨 먹고
토실토실 자란 저 이란 놈도 염치는 있는지
속적삼에서 툭툭 떨어지며
이제는 미안해 주인께 하직하려는데

스님은 고놈들을 다시 품속으로 쓸어 넣으며
"아직 날씨 차다 이놈들아
내 고기 더 먹고 가거라."

초원 식당에는 주차장이 없네

급한 김에 길에다 주차를 해 두고
삼계탕 하나를 시킨다
날씨가 추워 그런지 손님은 북적 만원
일하는 사람도 춥다고 안 나왔는지
오늘따라 탕 하나 주문했는데 통 나오질 않는다

죽어가던 대지에 비가 내려 풀이 파랗다
뜯고 뜯고 부지런히 뜯어야
어제 낳은 새끼 젖이라도 먹이겠는데
그놈의 표범이 어디서 숨었다가 덮칠지
눈, 코, 귀, 입 꼬리까지 온몸이 사주 경계

입은 후후, 눈을 힐긋힐긋
창 너머 차에 눈길 주기 바쁘고

뽀득뽀득 새 풀 맛이야 그저 그만이지만
한입에 우주 같은 명줄이 언제 끊어질지

— 주차딱지 한 장에 밥 한 그릇 편히 못 먹는 나보다야
목숨 걸고 온몸을 지키는 영양이 나보다 더 통 큰 놈이라
한 수 위인 기라

뭉치면 살고 흩어지면 죽는다

1) 제일 용감한 암사자가 선봉에 서고
이리 몰고 저리 뒤쫓다 대오에서 낙오되는
늙은 들소, 병든 소, 어린 새끼를 골라 표적을 삼는다
비호처럼 날아올라 뒷잔등을 물어뜯는 어미
옆구리에 매달려 날카롭게 이빨을 박아 넣는 삼촌
목줄기를 사정없이 덮치는 고모
주둥이를 물고 늘어지는 할미 사자
우두머리 대장 수컷이 마지막 목통을 물어 조인다
밀고 밀리는 혈투, 피가 튀고 하늘이 노오래진다
드디어 천하장사 들소도 무릎을 꿇는다
눈망울에선 피보라 쏟아져 내리고
숨통은 끊어지고 한 우주가 무너져 내린다

2) 찬물도 위아래가 있는 법
배고프다고 어린놈이
선불리 먼저 숟가락을 들다가 귀싸대기 날아간다
온 얼굴에 피떡칠 화장을 한 대장애비가

목울대로 고기가 올라올 정도로
실컷 먹어 치운 다음 슬며시 자리를 넘겨준다
— 아 세상 행복이란 먹고 또 먹고 배불리 먹는 것
　포식 파티가 끝나길 학수고대 기다리던
　어미 자 칼 머리 위로
　꺼위꺼위 독수리, 무리로 날아온다

이제나 저제나 뒤에서 훔쳐보는 자칼 한 마리
혼자 그 많은 독수리 떼 감당하기 벅차지만
배고파 우는 새끼 떼 생각에 발걸음을 되돌릴 수 없다
얼른 한입 물고
— 걸음아 나 살려라 도망치는 놈이 장땡이다!

업業 때문이라고?

— DNA

1) 탐진치 삼독 탓?
한순간에도 8만 6천여 번뇌가 요동친다고?
내 전생에 지은 업 때문에
할아버지의 할아버지, 단군할아버지의 할머니부터
DNA가 새긴 업 덕분으로 이렇게 살아남아 있는데

그래 먹기 위해 사는 거고
손 퍼뜨려 대를 잇기 위해 싸우는 것
여자 보면 거시기가 동하는 본능까지 씩씩하게
물려받았는데
이게 자랑이 됐으면 됐지 무슨 죄가 되나요?

지은 업장 소멸해 달라고?
면벽 9년에도 지워지지 않는 모질고 모진 그놈의
DNA 업 때문에
아담과 이브가 사과 하나 따 먹은 원죄로
인류는 영원히 죄인으로 살아가야 합니까?

2) 원초적 본능이 거세된

척하면 누가 아군이고 적인지 단번에 알아차려야
그래야 살아남을 수 있는 이 세상에
너, 전생 업이 숭덩 빠진 순도 100% 순진덩어리가
어떻게 이 풍진세상 살아남으려 용을 쓰려는가?

3) 뭐가 뭔지를 모르는

아무것도 모르는 예측 불허
불생불멸不生不滅 불구부정不垢不淨
존재의 비밀을 몰록 깨칠
차별 없이 누구나 부처가 되어 버리는
그래서 부처님도 부처님들끼리 경쟁에 끄달리는
서방정토

4) DNA가 없어야

비로소 자유로운

과거의 구속도 미래의 불안도 없는
천상천하 유아독존
한 분밖에 안 계신 독생자가
여기저기 나타나는 수많은 예수의 현신
오호! 드디어 오매불망 꿈꿔 오던
하나님의 나라가 이 세상에도 우후죽순 서겠구나

그림자를 베다

햇빛이 장대보다 긴 그림자를 베어 먹고 있다

한 뼘 한 뼘 갉아 먹는 애벌레처럼
정오 사이렌은
살이 통통 찐 그림자를 오찬으로 즐긴다

하늘엔 구름이 몰려들고
비에 젖은 오후는 그림자 속으로
태양의 칼은 시들어 가는 그것마저 베어 버린다

"그래 하루 종일 고생 많았다
너도 이제 좀 쉬려무나."

아직도 살아 꿈틀거리는 피는
밤새 반역을 꿈꾼다
다시 그림자를 키울 내일 아침을

제2부

원초적 본능

바람의 그림자

바람아 너 어디 있니

언제나 보고 있는데

한 번도 본 적이 없구나

부르면 부를수록 멀어지는

보려면 볼수록 사라지는

그림자 하나 남기지 않는

바람아 너 어디 있니

한 방울 피의 깊이

비로소 받아들이는 상처처럼

말이 타 버린 뒤에 남은

텅 빈 공간

세상이 처음 열릴 때의

두려움 그 바다에 떠 있다

한 방울 피의 깊이 속에 갇혀 있는

생각 바다

그 속에 나는 보이지 않는다

관객이 없는 무대

바라보는 이 아무도 없는 춤꾼처럼

듣는 이 하나 없는 소리꾼같이

새벽잠에서 쫓겨난

이 추운 겨울 육신을 놓쳐 버린 나는
겨우 머리 이불 속으로 기어든다

사글세 얻어 살던 언어가 놀라서 날고
선잠을 깬 그놈을 잡으러 나는 뛰고
뛰는 놈 위에 나는 놈
놀란 비명은 생각을 물어뜯고

겨우 쭉정이가 돼 가라앉은 언어들
젓가락으로 뒤집는다 타 버린 것들
온통 맵싸한 냄새로 진동하고

몽상의 군대들 내 머리를 짓뭉개어
그 터에 거대한 성벽 하나 쌓는다
불면의 대궁궐을

태양을 먹고 산다

해가 뜨면
세상의 몸시계가 기지개를 켠다

'일어나라' 고 '일어나 움직거리라' 고
'그래서 먹고 살아가라!' 고
살기 위해 먹는 것보다
더 소중한 일이 어디 있냐고

거미도 태양 둘레에 줄을 치고
생존의 줄타기를 시작한다
거미줄에 맺힌 이슬방울들

삼라만상이 꼬무작거리며
일상을 잡아먹기 시작할 때
이슬은 고요히 열반에 들고
다시 하루의 태양이 이글거린다

영생, 그것도 사고파나요

정자가 일어나니 난자가 물을 뿌려요
춤을 추며 물을 뿌려요
덕 쌓아 생긴 미물이 자라
봄 여름이 되고 매일 생각을 까 대요
가을 겨울은 곧 사라질 거요

낙엽이 가볍게 떨어졌어요
나도 가볍게 떨어질 연습을 하는 중이오마는

아버지라고 부르고 싶소만
아버지는 누구요? 아니 아버지도 죽잖아요
영생해야지요 믿어라 너는 영생을 얻으리니
그것도 사고파나요?
돈 있으면 안 되는 일 어딨어

큰 코 다칠 거요
그 걱정은 마시라니까요
원래 작은 코니까

영생을 슬쩍 꺼내는 흉내만 보였을 뿐인데

사족을 못 쓰는 저 세포라는 놈들

터치! 당신을 저당 잡는다

불안이 유령처럼 떠돌아다닌다
끼이지 못하면 죽는다고
외톨이는 비참하다고
무리 짓자 당신도 끼여라, 어서

저 동네에서 말 타고 달려 온 추장이 멈춰 선다
저만치서 뒤좇아 오는 영혼을 기다린다며, 천천히

아침은 트위터 점심엔 페북, 저녁거리는 카톡으로
무료를 터치한다
순간의 선택이 한평생을 좌우한다고
터치! 당신은 저당 잡혔오, 영원히

공포가 불침번처럼 두리번거린다
당신은 포로요 죄수요
마침내 종신형이 선고된다
탈출하라 혼자 지구를, 어서

비로소

고독이 당신을 편안하게 하리니

내 몸의 마당놀이

1) 내 몸의 생각은 산맥처럼 굳세지
마음도 몸 앞에선 두 손 들고 말지
먹자 하면 먹고
싸고 싶다 하면 싸야 하지
돌고 도는 이 장엄한 윤회 앞에

입으로만 먹는다? 항문으로만 싼다?
순진하기는…… 여봐라! 어디 한번 보여 주렴
항문으로 넣고 입으로 싸는

자유에다 자재요 천의에다 무봉인
이 끝내 주는 묘기를
소크라테스도 공자도 꼼작 못하지

2) 고상하게 먹는 척해도 싸기는 마찬가지
속 다르고 겉 다르고 끝 다르고 처음 다르고
먹기 전에 침부터 꿀꺽 삼키더니

먹고 나선 싸기 바쁘고 싸고 나선 먹기 바쁜
— 살기 위해 먹느냐 먹기 위해 사느냐
몸의 생각은 불 보듯 뻔하지

먹어서 역사가 이루어지고 싸서 역사가 나아가는
청탁불문 청노青老불문 영계면 더 좋고
만고에 푸르른 이 진리를 그 누가 구리다고 할까

공주의 전성시대

울듯이 그녀는 웃었고 뱀 빰치듯 부드러운 혀, 그 혀를 입 안 가득 나불거렸지 말랑말랑 반죽하듯 축축한 촉수는 피를 한껏 뽑아 올렸고 언제 어디에서나 그녀와 수작을 했지 사약처럼 질펀하게 온몸에 퍼져 감겨드는 그 뜨거운 맛이라니 바르르 떨었지 그 교성, 구멍에다 진액을 질금거렸을 뿐인데 그녀는 다시 한 번 공중부양을 하고

아무리 물에 배 지나가듯 흔적은 없다지만 날이면 날마다 저 꽃은 이 나비 부르고 저 벌을 유혹해 억겁을 이어 나갈 우리의 운명은 어긋나고 꽃은 색을 쓰고 또 체위를 바꾸고

당연히 인연은 엿보다 질긴 거라 여겼고 사랑이란 날이 갈수록 콘크리트보다 더 굳어지는 줄 알았지 그게 천추의 착각이었나? 공전과 자전은 날들이 갈수록 부서져 갔고 사랑은 말없이 시간을 훔쳐 먹으며 흘러

갔지만 잭의 콩나무 위에 신데렐라는 결코 나타나지 않았지 구멍마다 확 뚫린 그녀의 욕망의 비는 하늘 구멍 난 듯 밤이나 낮이나 쏟아져 내렸고 뚫린 하늘에는 어제의 사랑이란 우산은 차라리 패대기치는 게 나았지.

다시 타액을 진하게 주입하니 오븐 속에 전시된 그녀,
나보고 어쩌라고?
이제야 나보고 어쩌라고…….
혼 하나 벌렁 나와 두 팔을 벌리고
자유 자유만세를 부른다

원초적 본능

— 여긴 대관령 양 떼 목장
포동포동 살찐 양을 보니
사자 한 마리 풀어 놓고 싶은 킬러 본능이
꼼지락 꼼지락

— ㅋㅋㅋㅋ 자기가 사자가 되고 싶으면서
포동포동한 넘들

— 안 그래도 사자가 되어
양보다 더 큰 소 한 마리 아작 내는 중이야 ㅎㅎ

— 같이 간 새끼들도 다 사자로 변했겠구먼 와작와작

— 다들 대화가 왜 이리 잔인해요

— 제목이 그렇잖아 원초적 본능이라고

— 삼촌아 그러지 말고 페북으로
한우 한 접시 캐나다로 보내 줘 으응,

꼴깍!

부빙

쾌락의 불꽃 바다

5억분의 1 피 튀기는 경쟁은

열 달의 기도여라

어둠의 산도를 뚫어 만날 이 세상

"응애!"

눈 부셔라

세월 따라 흐르고 머물고 휘돌아 나아가던 물

꽁꽁 얼어 뭉쳤다 깨어지고

이제 마지막 남은 한세상 여행길

끓는 햇빛 한 줄기 이 부빙 위에 내려 쏟아져라

좌악 쫙

쭉정이가 된

1)

늙어도 색탐 이글거리는

금빛 황제의 등에 올라탄

독을 다 빼고 벌러덩 허벅지를 드러낸

하양 노랑 빨강 매혹이 모랫벌 누각 속에 갇힌

익지 않은 열매에 칼자국을 낸

진액을 냄새 바람에 말리는

말라 비틀어져 쭉정이가 된

양귀비*

2)

다른 이름으로 살아오는 셀 수 없는 나날

이제 하늘 기울고 금단의 흰 밧줄 목을 조여 올 때

야생에 뿌리박힌 파란 꿈 오지게 그리워하나

꿈 속에는 지글거리는 모래뿐

오지 말았어야 할 뜨거운 사막 한복판에서

"아니야, 아니야 그게 아니었어."

---

* 양귀비꽃과 당 현종의 애첩 양귀비를 넘나들며.

일자리를 달라! 아니면 죽음을

1) 발칵 뒤집혔지

지구 밖에도 생명체가 존재할 가능성이 크다고 NASA가 발표했지 그게 뭐 발칵 뒤집힐 일인가? 나사가 거꾸로 박힌 것도 아닌데 원래 있었잖아, 인간이란 게 모르고 있었을 뿐, 모르긴 뭐 몰라 모르고 싶었겠지, 원래 인간이란 게 자기보다 나은 건 눈 뜨고 못 보거든, 글쎄 부처나 예수 모습도 인간 제 형상대로 만들잖아? 그 또 있잖아 ET라고 우주에서 왔다는 그 순하디순한 것, 좀 이상하게 생기긴 했지만 결국 인간을 좀 괴상하게 만든 것뿐이거든

끝이 없다는 광대무변의 우주, 지구에만 생명체가 산다면 공간 낭비는 그 얼마며 핵이니 공해니 배설해 놓은 이 죄를 누가 심판한단 말인가? 아암, 있어야말고 인간에게 심판을 내릴 자가 지구 밖에 꼭 있어야말고, 하늘도 기뻐할 일이지

2) 어렵쇼, GFAJ?

이게 무슨 암호람, 화학 시간 그 지긋지긋한 원소기호도 이렇게 복잡하지 않았는데 그 모양이야 어떻든 탄소, 수소, 질소, 산소, 인, 황 등 여러 놈이 작당해 생명체를 만든다는데 이 비소를 기반으로 한 박테리아가 발견됐다나 봐, 이 "비소 박테리아"를 이름 하여 GFAJ라나 이 무슨 귀신 씻나락 까먹는 패스워드람, 공상과학 영화도 아니고 "외계에도 생명체가 있을 수 있다" 이 말 하고 싶은 건가? 그런데 말이죠, 이 땅의 젊은이들의 기막힌 절규 좀 들어보소, "펠리사에게 일자리를 달라(Give Felisa A Job)" 영어 문장의 머리글자를 모은 거라는데……. 발견한 박사도 슈퍼 파워 미국의 백수라지, 한국이라면 "준영이에게 일자리를 주라" 색즉시공 "ㅈㅇㅈ"

외계인도 먹어야 살고 먹고살려면 일자리가 있어야지, 그 많은 의자는 다 어디 갔나? 가뜩이나 구직난에

비소 박테리아 떼도 한 자리 달라고 나서면 이 땅 백수들 걱정거리 하나 더 늘겠구나

비소여, GFAJ여 일자리를 달라!
아니면 죽음을

연락처 지우기

번호 변경을 하면 웃돈까지 얹어 준다고 꼬드겨도
부모에게 받은 얼굴 그대로 안고 살듯
희한한 디지털 신천지 뒤로하고
휴대폰 전화번호 하나만 놓고 떠나 버린

011 016 017 018
누구 거기 없소?
대답 대신 시간이 벌떡 일어나 가 버린 자리

고 000, 고 &&&
삭제
정말로 삭제하시겠습니까?
오늘도 확인 버튼 대신 취소를 꾹 누른다

정말 거기 누구 없소?

날지 못하는 새

1)

비싸기로 유명한 병원답게 여기도 금연 저기도 금연 안에서는 금식 밖에서는 금SEX 그 틈 사이로 비둘기 헤집고 다니며 잘도 집어 먹는다 요리 토실 저리 토실 살찐 비둘기

콕 집어넣는다 소크라테스도 아리스토텔레스도 그리스 신화도 포식하고 서양 신神도 먹고 니체도 먹고 사르트르도 삼키고 뭐 데리다랬나 뭐랬나도 삶아 먹고 게이츠는 구워 먹고 스티브 잡스는 회쳐 먹고 구글 삼총사는 구워 먹고

2)

굳이 날 필요가 뭐 있어 자동차 몰고 기차 타고 비행기 타고 크루즈선 타고 여자 엉덩이 타고…… 부루릉…… 매연이 무슨 문제냐 산소마스크 하고 햇빛이 필요하면 우주서 실어 오고 몸이 무거우면 휠체어 타고 돈이면 안 되는 게 어딨어

"여봐라" 하면 푹 무릎 꿇는 것들이 수두룩하잖아 공자 왈 맹

자 왈 예수 가라사대 부처께 이렇게 들었다고 믿는 거룩하신 분들도 갖다 바치면 모두 오케이 오케이지 대궐 같은 절이나 재벌 빌딩 닮은 교회 좀 봐 이 말 틀렸나?

3)

의사가 "아—" 하라고 해서 "어아—" 하니 그나마 삭은 이 하나마저 빼 버린다 그럼 어때 이 아니면 잇몸이지 이 빠진 개오지가 되어 허허 웃는 꼴이라니 웃어라 그것만이 세상을 정복할 유일한 무기다 있잖아 웃는 얼굴에 침 못 뱉는다고

아 무당이 왔네 춤을 추자고 작두 위에서도 추고 지뢰 위에서도 추고 핵폭탄 위에서도 추고 다 우리 것 될 터인데 김칫국부터 마시는 저 놈 낯짝 좀 보소

4)

하여튼 추자 춰 그 "동이위인전" 인가 어딘가에 있다

잖아 우리는 가무음주를 좋아했다고 그러니 신나게 추자 지구가 꺼지도록 추자

흔든다 뒤흔든다 지구가 흔들린다 아니 지구가 비틀거린다 나사가 빠졌나

"날자 날자 한 번만 더 날아 보자꾸나"*

이런, 날지 못하는 날개를 가진 게 새라고

---

* 이상의 단편소설 「날개」 끝 구절에서 따옴.

누군가 나를 노크한다

활짝 피어나는 만남이란
결코 열리지 않는 문인가

너는 나를 노크하고 싶다
누군지 알 수 없는 나를
나는 너를 노크하고 싶다
누군지 알 수 없는 너를

너는 나를 노크하고
나는 NO라고 하고
나는 너를 노크하고
너마저 NO라고 한다

너와 나, 우리 되어
노크하고 싶다
그림자라도 웃으며 만날 수 있을 날을
노크하고 싶다

제3부

쿠데타 성공하다

쿠데타 성공하다 · 1

— 지는 꽃에게

젖 먹던 힘 다해 토해 내더니
한꺼번에 왈칵 피 토하더니
초록 하늘바다에
마침표 하나 화려하게 찍는다

장렬한 산화는 그대의 운명이자 희망인가
씨앗 한 점, 태어난 흔적 남기고
금쪽 세상을 하직한다

참말로 잠시더라 부귀영화는
피자마자 백척간두 진일보
이 세상 처음 보는 아름다운
생명의 방하착放下着이여!

쿠데타 성공하다 · 2

— 초록 꽃에게

비상계엄이다
한눈판 며칠 사이
연초록 점령군 헐벗은 산야를 뒤덮고 있다

총알도 대포 소리도 없이
비상대책위원회도 긴급조치도 없이
오직 산새 호루라기 소리를 신호로 봉기한다

정의나 국민을 위해서라는 구호 한마디 없이
맨주먹 붉은 피로
햇빛과 봄비와 바람과 작당하여

—그냥
—그대로
—저절로
—스스로 그러함을 교주로 모시는 신앙 하나 믿고
무상복지 논란도 없이 푸르러 깊어만 간다

브라보!

꽃행복

찬란하여라 이 봄은

며칠 전 남도에서 피어나는 목련 보고
안복眼福을 누렸는데

며칠 후 서울 올라와 문득 뜰 앞을 바라보니
활짝 꽃망울 터뜨리는구나

한 해 두 번 맞이하는 이 꽃행복
가슴 떨려라

숲길에서

1)

삼베 적삼 속으로 살포시 묻어나던
멀리 떠나간 누나 젖가슴인가
갈잎 사이로 얼비쳐 오는
노오란 싸리 단풍

그 젖꼭지
훔쳐보고 말았네
이 가을 머리에 홀로 흔들리며

2)

요람이더니
누군가의 집이더니
놀이터이더니

오랫동안 식당이다가
드디어 무덤이 된다

풀벌레 한 마리 살다 간 흔적
남은 숨결 따스하다

이 웬수의 가을

1)

화살 햇살 내리꽂힌다

확 물들어 가는 이파리에

"짜슥들아!"

나도 모르게 외쳐 부르자

햇빛이 놀라

우수수 황금으로 쏟아져 내린다

아, 가고야 말

이 원수 같은 가을

2)

하늘을 찌르는 저 맑은 아픔

물이 투명살결을 토해 내도

낙엽은 울지 않는다

단지 흙으로 돌아갈 뿐

어느 봄날의 대화

할머니 몇 살이야?

나, 일흔

할머니 친구는?

친구도 70

할머니, 난 몇 살이야?

그것도 몰라, 너 바보 아니지?

헤헤 나는 일곱, 미운 일곱 살

할머니도 일곱 살 하자

나하고 친구 되게

친구 되어 나하고 놀자, 으응?

그림자도 환하게 웃고 있는 어느 봄날 오후

숙제

학교 숙제, 학원 숙제 너무 많아
이것저것 너무 많아

연필로 책상을 콩콩콩……
지우개를 종이 위에 벅벅벅……

밖에 노는 친구들
너무 부러워

숙제야 숙제야
제발 빨리 끝나라

도깨비 엄마
눈 부릅뜨고 오신다*

— 건이야 건이야
참 잘 썼다 근데 너 엄마 진짜 뿔나겠다

— 요즘 애 가진 엄마치고
　뿔 안 난 엄마 어디 있겠어요?

그러면서
미소 반지르르 번지는 엄마 얼굴

---

* 고딕체는 둘째 손자 건이의 학교 작문 숙제에서 따옴.

잠깐

방긋! 웃는 사이
꽃잎 다 떨어져 내리고

아, 기지개 한번 켜는 사이
앞산 푸르청청하더니

휴우— 숨 한번 내쉬는 사이
뒤란 단풍은 속절없이 지더이다

머리에 흰 눈 내리고 한 해가
한생이 그렇게 흘러가더이다

쑥국 냄새

한이나 없게 시험이라도 한번 쳐 보라고
웬걸, 떡 하니 수석 합격!
전쟁 통에 장학금도 없던 그 시절
입학등록금을 꾸러 읍내 이 집 저 집 문고리를 잡는다

해는 뉘엿뉘엿 배에선 꼬르륵
마지막 두드린 대문 안을 들어서자
찬바람 사이로 된장 냄새, 목구멍을 타 내리는 쑥국
등록금은 못 빌려도 그 쑥국 한 그릇만 먹어 봤으면

어깨 축 늘어진 아버지의 다 떨어진 검정 고무신
뒤꿈치를 따박따박 따라 밟으며
봄은 진달래 진달래 오고 있었다
지금도 아버지 고무신 뒤축 그림자는
쑥국쑥국 그 시절 쑥국을 끓이고 있다

엄마의 초상

고향을 떠나 서울 산 지가 반백 년이 더 지났는데
엄마로 부르는지 음마로 들리는지 구별조차 못한다
마음을 마엄이라고 살아온 세월의 급물살 속에

엄마 사랑 내리내리 흘러내려
엄마의 마음인지 음마의 마엄인지
느껴 보지를 못하고 살아온 나날

획 하나 뒤집으면 마음속에 음마 계시고
엄마가 바로 그 마음이라는 걸
흰 머리 숨기려 머리에 까만 칠할 때마다
거울 속에 어려 오는 엄마의 초상

---

* 일부 경남 지역 말에는 '음' 발음과 '엄' 발성이 구분되지 않음.

삶 그 맹랑한

인간이 시계를 만들고
시계는 시간을 잘게 잘게 채를 쳐서
시간은 그 안에 사람을 넣고 닦달한다

시간 아랑곳하지 않고 그냥 도는 태양 아래
삶은 티끌보다 가볍기도
때로는 우주보다 무겁기도

맹랑한,
그러나 천금만금 같은 삶도 사후정산을 하면
한 움큼의 재 아니면 새끼들만 기억할 몇 토막의 추억

그것마저도 사라질
하 이리도 단순한 걸
태양은 시계도 차지 않고 빛날 뿐

실이를 아시나요

성한 모자 뜯어 재봉틀에 다시 둘둘 박고
춧농을 이겨 광낸 놈을 비딱하게 비껴 쓰고
어깨들 가다걸음 한창 뽐낼 때,
누가 뭐라던 중학교 입학할 때 산 모자
빛바래면 어떠냐 6년간 눌러쓰고, 꾹 눌러쓰고

어머니가 정성껏 검정 물들여 짜 주신
무명 책보 옆구리에 끼고, 그것도 6년간이나 끼고
읍내 동쪽 끝에서 서쪽 끝으로 앞만 보고 내달리던
박실이를 아시나요?

저만치서 곤색 사—지 예쁜 옷 차려입은 여학생들을
가끔은 그리고 어떤 때는 자주 훔쳐보며
제 물에 얼굴 빨개지며
"목련꽃 그늘 아래 베르테르의 편질 읽노라……"를
좋아하던
그 실이를 기억하시나요?

청승 그만 떨고 새 모자 하나 사서 쓰라고
옆에서 퉁을 놓으면
모자보다 머리가 더 중요하다고
가방보다 책이 소중하다고
터키의 지도자 케말 파샤의 말을 더듬거리던
복숭아 볼 실이가 지금도 생각나시나요?

아, 그 빛바랜 모자와 검정 보자기는 어디 갔나
서울 살이 청양고추 맵살이 속에서도
이게 내 학창 시절 엄청 값나가는 보배라고
가보처럼 신주처럼 싸들고
이 셋방 저 셋집 철마다 옮겨 다녔는데

언젠가 큰 집으로 이사 와
이제 자리 잡았나 보다 숨 한번 돌릴 사이
책보도 모자도 청춘을 데불고 서 멀리 떠나 버리고
반백의 그림자 홀로 동그마니 추억처럼 앉아 있네

아버님 전 상서

한식이 한참 지났는데
아버지 자주 찾아뵙지 못해 죄송해요
여기서 쉬시는 지가 벌써 오륙 년이 넘었네요
이제 제 마음이 조금은 느슨해졌나 봅니다

오늘은 부탁이 있어요
꼬막툭사리* 그놈 있지요
고 귀여운 둘째는 아직도 짝을 찾지 못하고 있어요
평생 어깨 기대고 살 떡두꺼비 녀석 하나 구해 주세요

또 보살펴 주실 일이 있네요
며느리 병 좀 말끔히 낫게 해 주시고요
박 서방도 건강하게 살다가 아버지 돌아가신 나이쯤
데려가 주세요
저도 그이 보내 놓고 한두 달 후 따라 가게 해 주시고요

저기 좀 보세요
물오리나무도 푸른 마음새순 내밀고요

진달래 연분홍 미소 하늘하늘 거리는데
목련도 뽀얀 젖가슴 열어젖히네요
종달새도 사랑 놀이 한창이랍니다

들리지요 아버지, 깨어나는 봄소리들이
편히 주무세요 저 소리 들으시며
내년엔 꼬막툭사리 부부도 데불고
올 수 있으면 좋겠네요
살아 계셨으면 내년이 백수이실 텐데요,
아버지!

---

* 지리산 아래 하동 지방에서 작고 앙증맞은 뚝배기를 일컫는 지방 말. 또는 그렇게 생긴 작고 귀여운 아이를 별명으로 부르는 말.

모감주나무집 손자

— 나이를 먹는다는 것

그때 우리 집이 좀 살았제
뒤뜰에 키 큰 모감주나무 한 그루 있었지
그리 큰 나무는 황해도 재령 땅 어디에 또 한 그루
그렇게 단 두 나무밖에 없었던 기라*
가을이면 염주 만들려고 줄이 늘어서곤 했었지

손자 공부시키려 어릴 때 날 대처로 내보냈댔어
가까운 집안 말고는 고향에서도 날 몰라보는 기라
그렇지만 향우회 회장에 입후보했을 때
'내가 그 큰 모감주나무집 손자요' 하니까
다들 두말 않고 뽑아 주더라고

요새는 가을 시제 때라야 고향에 가는데
'모감주나무집 누구요' 해도 아는 이 별로 없는 기라
— 지금도 모감주나무에 열매가 열립니까?
　택도 없지! 그때도 그 나무는 고목이었어
　옆에서 새끼를 쳐 간혹 열매를 맺기는 하지만

자손들도 찾지 않는 할배 집은 어느새 무너져 내리고
그 손자 했던 말을 몇 번이고 되풀이한다
'그때 우리 집이 좀 잘 살았제
그리 키 큰 모감주나무는 우리 집밖에 없었으니'

---

* 모감주나무가 전국에 산재해 있지는 않지만 안면도나 포항, 안동, 완도 등 남부지방에 군락지가 더러 있음. 노란 꽃에 검붉은 열매가 달림.

너 이 종놈아

나를 움직이는 건
욕망
그 욕망을 움직이는 건
이 우주에 가득 찬 저 음흉한
불안

그 불안이 공포를 낳고
공포가 나를 움직여
"예, 예" 잘도 굽실거리기만 하는 종놈

너 이 종놈아
네 주인은 어디다 두고
오늘도 절[寺]에도 못 들어갈 말[言]만 희롱하는가*

* 절[寺]에도 못 들어갈 말[言] → 詩.

헌 구두

새 구두는 싫다
예쁘지만 발이 아프다
아픈 건 딱 싫다

헌 구두를 찾아 신는다
한 번은 새 거였을 내 구두
한 번은 새 거였던 마누라처럼

피부과에 밑창을 갈아 달라고 맡긴다
스포츠센터에서 새 끈을 조인다
휘둥그레진 눈으로 윤이 나는 헌 구두
다시 꺼내 달려 본다

함께한 세월이 약이던가
헌 구두처럼 편해진 마누라 얼굴
이제야 세월이 보이고 철이 드는 이 나이

건이 이 뭐꼬?

건이는 새 나라의 어린이입니다
무럭무럭 자라나는 어린이입니다

닭장에는 싸움에 이긴 수탉 한 놈이
암탉의 등허리를 타고 정을 심어 넣습니다
진 놈 몸에서 빠진 깃털은 새나라의 펜이 됩니다
어린이 헌법 전문을 씁니다

— 어린이를 심심하게 해서는 안 됩니다
  "이 뭐꼬? 이 뭐꼬?" 개미구멍을 뚫어지게
  들여다보면서라도
  삼매에 들어야 합니다
  무릉도원보다 무아지경이 천 배 만 배 낫습니다
  썩은 나무 등걸 껍질을 발가벗겨
  그 속에서 기어 나오는 벌레를 잡더라도
  몰아의 바다에 빠져야 합니다

건이에겐 같이 놀아 줄 사람도 선물도 없는 어린이날
그래도 혼자서 잘 노는 신통방통 어린이입니다
새 나라 신헌법이 온 누리에 퍼져 나가는 어린이날
건이의 가지런한 치열이 여름 옥수수처럼 빛납니다

꿈꾸는 세상

1)

화들짝 놀라 깬다 벌써 아홉 시
아이쿠! 벌써 면접 시간이 지났잖아
발을 동동 또 동동
앗!
구들장이 꺼진다

아이쿠, 살았다 꿈이네

2)

숨이 흑흑 차도록 내달려 겨우 도착
쭉쭉 늘어앉은 근엄한 면접 위원들
'늦어 죄송합니다. 헉헉 죽을죄를 졌습니다. 허어헉
살려 주세요. 이번에 합격 못하면 진짜 저 죽습니다.'

—걱정 마오 젊은이
　그런 사람만 뽑는 회사입니다

그럼 합격? 합격이요!

팔딱 뛰다 구들장이 갈라진다
에게, 꿈?
너무하다 꿈 너마저도

나이는 숫자에 불과하다고?

헛소리하는군
침침한 눈하며 허리는 아파 오고
희끗희끗 성긴 머리 또 어디에 숨긴단 말이요

나이를 먹으면 신선이 되기는커녕
잔소리에 온갖 것 다 참견하고
바윗덩이 같은 욕심구름은 뭉게뭉게 피어나고
법도에 어긋나지 않기는커녕* 삐치기는 세끼
밥 먹듯 하고

나이는 숫자에 불과하다고?
이런 소리 해서 큰일 나겠지만
그런 분 저세상 가실 때 그 말씀도 순장감이요

그럼 공자묘를 파서
그 말씀 다시

집어넣어야 할까요?

---

* 공자가 『논어』 「위정」편에서 언급한 七十而 從心所慾 不蝓距(칠십이 종심소욕 불유구), 즉 나이 일흔에는 마음이 가는 대로 해도 법도에 어긋나지 않는다는 말에서 따옴.

웃으면 행복해진다고?

웃으면 행복해진다고
웃음은 암처럼 퍼진다고
누가 말했던가
호호 웃고 하하 웃고

웃으면서 출근하고 웃으면서 퇴근한다
옛날 웃던 일 생각하며 다시 웃고
지하철 오르며 허허 웃고
만원버스 타서도 후후 웃어 보고
결혼식에 가서도 껄걸 웃고
식이 다 끝날 때까지 껄껄 웃는다

찐빵 한 봉지 사 들고 슬며시 웃고
빵점 맞아 야단맞고 울고 있는 아들보고도 낄낄 웃고
— 오늘 하루 수고 많았재
상긋 웃음으로 마누라 등 툭툭!

화장실에 가서도 웃고, 거울 보면서 따라 웃고

산책길에 꽃 보고 하하하 웃고
웃으면 꽃이 더 예뻐지고
드디어 왔다 응답이 왔다
꽃이 나를 보고 해해 웃기 시작한다

세상이 다 껄껄껄 오늘 하루도 핫핫핫
내가 웃으면 세상도 따라 웃고
네가 웃으면 세상도 배꼽 잡고 웃는다
하하 웃다 보면
아하— 행복한 하루

꽃신

장롱에 꼭꼭 숨겨 두고
귀한 손님 오시면 슬며시 펼쳐 보이는
꽃신 한 켤레

나들이할 때 편하게 신으시라고
서울 사는 손주 놈이 보내준
꽃신 한 켤레

세월이 고적할 때면
손자 품듯 안아 보는
분홍 꽃신 한 켤레

— 막내야, 너도 얼른 장가들어
　떡두꺼비 손주 하나 안겨 다오
　손주 하나가 열 자식보다 낫더라

먹물아 이 먹물아

눈꽃 덮어쓴 겨울 저녁 매화나무 아래서
봄꽃은 언제 필 거냐고
수작을 걸다가
가지 사이로 달려오는 샛별과 마주친다

그쪽에서는 꽃이 피었느냐고
무슨 색 꽃이 예쁘냐고
꽃 피는 소리는 어떻더냐고
시인답게 물어보니까

이 실없는 놈아
옆집 쪽방 아픈 독거노인이나 찾아가
저녁은 드셨느냐고
차도는 있느냐고 그것부터 물어보라고

사람아
실없는 이 먹물아

제4부

차 이

차이

1) 이승

이게 누구?

니 꺼?

내 꺼!

이건 누구 꺼?

그것도 내 꺼

2) 저승

그럼 저건 누구 꺼?

그건 당신 것

또 저건 누구 꺼?

당신 것, 세상 모두 당신 것!

산 메아리

— 어떤 이는 절에다가 걱정을 내려놓고 가고
어떤 이는 절에 가서 걱정을 싸 들고 온다*

버려서 기쁘고 베풀어야 즐거워할 자리에
천만 가지 부탁만 산처럼 쏟아 놓고
근심 걱정 강물처럼 다 부려 두고 왔다 했더니

— 찾아온 것만도 고마운데
걱정 마라 잘될 거야, 잘 되고말고

* 김용택 시인의 「절」이란 글에서 따옴.

소나기

법 없이도 살아가는 팔순 노부에게
마알간 하늘에서 떼도둑 먹구름 몰려들고
와당탕!
빠알간 벽력 천지를 때리 친다

불난 집에
내리꽂는 한 줄기

법당 삽사리 축 늘어진 꼬리
다시 살랑거리고
방긋 산나리
동자 꽃으로 웃는다

그새
부처 다녀가셨는가

세상 제일의 명장

— 면벽 수십 년 수도에도 깨침을 얻지 못한 노스님 한 분
세상에서 제일가는 세 분의 명장을 불러,
대목장에게는 이 세상 제일 여법한 법당을 부탁하고
석조장에게는 이 세상 제일 빛나는 탑을 맡기고
주철장에게는 이 세상 제일 아름다운 소리를 낼 종을 주문하는데

시간도 돈도 아무 상관 말고
오직 당신 생을 닮은 명품 하나만 만들어 주십사고
신신 당부를 드렸는데

한세상 기다리던 스님 부도 앞에
아직 일에 착수도 못한
머리 희끗 세 명장이 엎드려 사죄드리니

"고맙소!
청산보다 더 아름다운 법당이 세상 어디에 있고
저 청정 소나무보다 푸르른 탑 어디서 다시 보며

종소리보다 더 아름다운 저 새소리들 들어 보리니

여기 이대로의 모습보다
더 좋은 작품이 세상 또 어디 있겠소
참, 참 고맙소!"

바보 부처

금부처 금부처 도금한 금부처야
도둑놈이 금칠을 벗겨 가도
쓰다 달다 가타부타 말이 없는 먹부처야

부처님은 바보
바보니까 부처
그런 거 안 가리니까 더 부처

거지도 부처
도둑놈도 부처
당신도 부처*
우리 모두 부처

부처가 바보니까
우리 모두 바보
바보, 바보,
바보가 아름다운 세상

* 사물을 볼 줄 알고, 소리를 들을 줄 알고, 부르면 대답할 줄 안다. 사랑하는 사람을 생각하며 밤잠을 못 이루며 몸부림치는 그 능력, 그 사실을 두고 어디에서 다시 무슨 부처님을 찾겠는가?……
기쁜 일이 있으면 기뻐하고 슬픈 일이 있으면 슬퍼하고 미워하고 질투하고 시기한다……
지금 당신이라는 부처님은 슬프면 울 줄 알고 기쁘면 웃을 줄도 안다 추우면…… 더우면……
참으로 신통방통한 살아 있는 참 부처님이다……, (무비 스님 지음, 『당신은 부처님』을 읽으면서)

하늘에서 나를 내려다보면

하루 스물네 시간 그렇게 숨 가쁘게
땅바닥에 착 달라붙어 일개미로 살지라도
한번쯤은 하늘로 올라가
내가 사는 이 땅을 내려다볼지니

얼마나 열심히 지지고 볶고 사는지를
더구나 그렇게 사는 게 잘 사는 거라고
굳게굳게 신앙으로 믿고 살아가는지를

드물기는 해도
서로 손 내밀고 등 두들겨 주며
이게 바로 복 받을 일이라고
눈시울 적실 일이라고 스스로를 일깨우며

네가 있어 살맛난다고
당신이 계셔 우리가 행복하다고
마음에 묻어 둔 말 한마디

슬며시 끄집어내 속삭여 줄지니

아무리 찌지고 볶느라 네 손 잡아 본 일 없더라도
한번쯤은 하늘로 올라가
내 사는 세상
저 세월의 물굽이를 헤아려 볼지니

보물찾기

가슴 가다듬어 성호를 긋는다
성수 가시는 길 뿌리옵고
네 팔다리 가슴으로 삼보일배 다가섭니다

어디 계시옵나이까, 님이시여!

영산에 계시다기에
목숨 걸고 설산에 오르기도 하고
하늘에 계시다기에 우주선으로
망망 하늘바다 누비기도 하는데요

암놈 숨길도 안 스친 숫양
목을 따 피 뿌려 제물로 드리옵나니
박수 치고 노래하며 미친 듯 춤추며
당신을 만지며 온몸을 느끼고 싶습니다

아들아, 내 아들아
피곤한 몸 이끌고 어디로 가느냐?

네 주머니에 있는 생의 보물을 두고
어디서 빈 하늘 헤매고 있느냐

부처님도 미안하시겠구나

— 기도발 잘 받는다는 석모도 보문사에는 기와불사가 한창인데

1) 건강하고 돈 많이 벌고 행복하게 해 주세요
사업번창! 필승합격! 소원성취!
바위같이 굳센 믿음들 햇빛 받고 널브러져 누워 있다

입찰 성공수주, 보험목표달성,
땅 문제 한 달 내에 속전속결
이익 많이 남게 해 주세요
야밤중의 도둑맹서 같은 주문들도 춤을 춘다

"♀♀♡♂♂
우리 올해엔 결혼해요
죽는 날까지 서로를 위하며 사랑하게 해 주세요."라는
기왓장 축원 옆엔
옛 사랑 다 잊고 좋은 사람 만나기를 바라는
기원도 눈물짓는다

2) 하늘나라에 계시는 할아버지
그곳에서는 아프지 마시고 행복하시라는
손녀딸 가녀린 기도도 포개지고

사랑하는 우리 아가 이름도 못 지어 줬는데
미안 미안하구나
다음 세상 다시 만나 행복하게 살자꾸나
못난 아빠 엄마 가슴 징이 울고 있다

기도는 밤새 이어지고 답 받을 일만 남았는가
대답해 줄 부처님 그 어디에도 안 보이시고
서해 파도 소리 욕심욕심 밀려든다

내 이름은 풀, 그냥 풀이지요

1)

고추 친구 춘식이는 첫손자 돌도 못 보고
지수화풍으로 돌아간 지 그 오래고
앞집 훈장 아들 수석이도 허허 웃으니
앞니 빠진 구멍 사이로 빈 바람만 들락거린다

네 잎만 찾다가 보지 못한 세 잎 클로버,
물가에 자라는 저 풀은 그 이름이 뭐라던가
물은 잠시도 머물지 못하고 흘러만 가는데
나를 기다리는 건 한강 둔치의 이름 모를 들풀들

2)

— 이 풀 이름 아세요
　모르겠는데요
— 이 풀을 뭐라고 하지요
　몰라요 근데 그것 알아 뭐하게요
　보면 몰라요 풀이지요 그냥 풀

내가 그의 이름을 불러 주지 않았으니
그도 나의 이름을 불러 줄 리 없고
하여 그 누구에게로 가서 피어 줄 꽃도 못 되누나

내 이름은 풀, 그냥 풀이지요
그렇게 불려도 마음이 편안하면 그게 부처랬는데

오냐, 오냐

욕생欲生에서 벗어나 원생願生으로 살라는
단단한 바위경전들 밀쳐 두고
누가 장난꾸러기 부처님을 세상에 내보냈더냐

젖살 덜 빠진 통통한 얼굴에
살구 씨 눈망울에 반달 속눈하며
머금은 두 볼 미소는 금세라도 튀어나와

— 하모하모! 개똥밭에 굴러도
  우리 사는 지금 여기가 천국이라,
  우짜든지* 우리 손주 새끼들
  명 질고 복 마니 받게 해주이소, 야

"오냐, 오냐 걱정 마라
마음이 하늘이라 네 정성에 누리가 감응하리라"
아기보살 미소로 주름진 마음마음 어루만지더라

---

* '어떻게 하든지' 의 서부경남 지방 말.
* 서산 마애삼존불 앞에서.

칡넝쿨

열반을 향한 용맹정진
저 끈질긴 욕망을 보아라

찬바람 무서리 아침에야
겨우 숨을 죽이노니

못다 한 정진 저 뿌리에 담고 담아
한세월 두고두고 삭혀 가리라

침묵의 소리

— 법정스님을 추모하며

1) — 침묵의 소리에 귀 기울여라*
태초, 말씀이 침묵으로 흘렀나니

꽃샘바람 나뭇가지 스치듯
잠시 의탁하던 육신의 옷 훨훨 벗어던지고
꽃상여 만장 하나 세우지 않고
시간과 공간을 버리고 간다
대나무 평상에 관도, 수의도 없이
드리워진 그림자 하나

2) — 한평생 나 따라다니느라 고생이 많았다
나 이제 간다
너도 이제 그만 가서 좀 쉬거라

삶과 죽음이 하나요
그 죽음마저도 또 하나의 시작이건만
마음속 울림 건사할 길이 없네

3) "스님, 불 들어가요"

화중연생火中生蓮
불길 속에 연꽃처럼 피어나리니

머언 하늘 구름 한 점 사라지고
심산 침묵 하나 바위에 걸터앉아**
어느 하늘 또 버리고 홀로 계시는가

---

* 법정스님 법문 중 쓰시던 말씀에서 나옴.

** 법정스님이 평소 애송하시던 청마 유치환의 「심산」이란 시에서 변용(스님은 2010년 3월 11일 오후 1시 51분 소유와 무소유의 경계를 넘어 적멸에 드시다).

잘 사는 길*

,

,

또

,

* 축서사 무여 스님의 책 『쉬고 쉬고 또 쉬고』를 보다가.

해학의 세계와 불교적 상상력

유 자 효
(시인)

박준영 시인은 평생 방송 외길을 걸어온 분이다. 1968년 동양방송 프로듀서를 시작으로 방송에 투신한 후 KBS TV 본부장과 영상사업단 사장, 대구방송 사장, SBS 전무, 방송위원회 상임위원, 한국방송영상산업원장을 거쳐 국악방송 사장으로 칠순을 넘긴 나이에도 방송 현장에서 뛰고 있다.

그와 시의 인연은 젊은 시절까지 거슬러 올라가겠지만 프로듀서 시절 만화 영화 등의 주제곡에 가사를 직접 붙인 데서도 그 관심을 엿볼 수 있다. 문단과의 인연은 1998년『한글문학』신인상에 김규동 시인의 심사로 당선한 것인데 그 후 얼마 뒤 발행인 안장현 시인이 작고함으로써『한글문학』출신의 마지막 시인이 되고 말았다.

박준영 시인의 문학 활동은 등단 이후에 본격화되었다. 쉰아홉 살이란 늦은 나이에 등단한 탓도 있겠으나 매사에 부지런한 성품으로 시 창작에도 열을 올려 처녀 시집 『도장포엔 사랑이 보인다』, 『장안에서 꿈을 꾸다』, 『얼짱, 너는 꼬리가 예쁘다』에 이어 이번에 네 번째 시집을 갖게 되었다. 공직에서 계속 일을 하면서도 3년에 한 권 꼴로 시집을 냈으니 대단한 열정이 아닐 수 없다.

박준영 시인은 장년 이후 자신의 관심사는 불교와 문학이라고 내게 밝힌 바 있다. 그런 점에서 그는 자신의 영혼이 부르는 길을 착실하게 걸어가고 있는 것으로 보인다. 이번 시집 『동물의 왕국－그림자를 베다』에서는 그런 그의 관심사가 어디에 미치고 있는지를 보여 주었다.

시집 『동물의 왕국－그림자를 베다』는 시인의 말에서 밝히고 있는 것처럼 인간이라는 동물을 고발하는 시편들이다. 이 왕국의 '오래된 진실' 은 "세상이 다 변해도/ 오직 살아남아야만 하는 본능만이/ 아름답다고 박수 받는" 것이다. 그러면 '세상에서 제일 무서운 놈' 이 살고 있는 세상으로 들어가 보자.

그 세상은 "싸움 끝에 서열이 줄줄이 정해지고/ 대장은 동삼 뿌리나 살코기만 골라/ 그것도 배터지도록 처먹어 대고// 약한 놈이 굶어 죽지 않고 살 길이라곤/ 대장 마누라나 그 새끼 이 잡이 주고/ 없는 이라도 샅샅이 찾아서 잡아 주"는 곳이다. 그 세상에서 살아남기 위해서는 '지문이 다 닳도록 비비고 세상이 다 닳도록 꼬리' 쳐야 하는 것이다.

이 인간이라는 동물은 유전자의 98.77퍼센트가 같은 침팬지도 '녹색 생명터전 송두리째 말아먹을 공해 주범이란 괴물'이라며 '같은 족보에 올' 리기를 거부하는 족속이다(「천부당 만부당」). "모두 벌레거나/ 벌레보다 조금 빛나거나/ 버러지만도 못한 놈"일 수 있는 족속이기도 하다.

여기에서 시인은 자연계 동물의 세계에서 죄 없는 모습들을 발견한다. 매미는 "깊은 땅속 고행 7년에/ 신새벽의 우화/ 한순간의 역사는 이루어"지고(「열반제」) 새끼가 죽은 어미 코끼리는 "무리가 발길을 옮겨 가도/ 그러나 끝내 자리를 뜰 줄 모"(「어미 코끼리 한 마리」)른다. 이 같은 세계에서는 먹이사슬마저도 아름답다. 새끼를 위해 자신의 몸까지도 보시하는 가시고기(「멍텅구리 아빠」) "알에서 깨어난 새끼의 먹이가 되어 주고/ 겨울잠 준비하는 곰의 몸 한껏 불려 주고/ 그러고도 남은 살과 뼈는 썩고 또 썩어/ 척박한 대지에 송두리째 보시"(「낙원과 무덤 사이」)하는 연어에서 아름다움을 발견하고 있는 것이다.

그리고 또 다른 자연의 모습들, 우리 속에 갇힌 늑대, 대장이 바뀐 호랑이 왕국의 흥망사, 최후의 포식자 박테리아, 인간을 동정하는 참새, 잠자리의 짝짓기, 밟으면 꿈틀하는 지렁이…… 그리고 시인은 한 가지 희망을 본다.

> 들소 어미는 제 새끼 앞에선
> 사자 따윈 무섭지 않다
> 뿔로 들이박아 물리쳐야 할 놈일 뿐이다

북극 갈매기 어미는 흰 여우가 덤벼도
꿈쩍 않는다
감히 품은 알 넘보는 녀석 쪼아 쫓아 버려야 할
부랑배일 뿐이고

수리부엉이는 그 큰 몸집에도 먹지 않아도
하나도 배고프지 않다
낚아채 온 들쥐를 부리로 발톱으로 찢어 새끼에게
먹여야 제 배가 불러 온다

—「어미」 부분

이 자연의 모성 상에서 시인은 구원의 가능성을 보는 것이다. 역시 신은 모든 곳에 다 계실 수 없어 어머니를 보내 주었다. 그리고 박 시인이 최후로 독자들을 인도해 가는 곳이 있다. 그곳은 이 절대 절망일 것 같은 동물의 왕국의 한 가닥 희망이 숨 쉬고 있는 곳이다.

염천교 다리 밑에 햇살 맑으니
봄 준비 바쁜 거지들 이 잡기 정신없네

석 달 동안거 참선 스님 때 벗겨 먹고
토실토실 자란 저 이란 놈도 염치는 있는지
속적삼에서 툭툭 떨어지며
이제는 미안해 주인께 하직하려는데

스님은 고놈들을 다시 품속으로 쓸어 넣으며
“아직 날씨 차다 이놈들아
내 고기 더 먹고 가거라.”

—「쉬잇!」 전문

어떤가? 우리 주변, 염천교 아래 이런 스님이 계시는 한 인간 동물의 왕국에는 희망이 있지 않은가? 그것은 바로 이타행의 보살 정신이라고 할 것이다.

시집 『동물의 왕국－그림자를 베다』에서 우리가 발견할 수 있는 것은 풍자와 해학이다. 시인은 심각한 주제를 말하면서도 엄숙주의에 빠지지 않는다. 유머가 있는 가벼운 터치로 독자들의 공감을 끌어내고 있다. 영생이라는 종교적 주제를 다루면서도 “큰 코 다칠 거요/ 그 걱정은 마시라니까요/ 원래 작은 코니까/ 영생을 슬쩍 꺼내는 흉내만 보였을 뿐인데// 사족을 못 쓰는 저 세포라는 놈들”(「영생, 그것도 사고파나요」)이라며 넘어간다거나, “내 몸의 생각은 산맥처럼 굳세지”라든가 “고상하게 먹는 척 해도 싸기는 마찬가지”(「내 몸의 마당놀이」) 같은 유머 넘치는 표현이 즐비하다. ‘노크’와 ‘NO’를 위트 있게 연결한 한 편의 시를 보자.

활짝 피어나는 만남이란
결코 열리지 않는 문인가

너는 나를 노크하고 싶다
누군지 알 수 없는 나를

나는 너를 노크하고 싶다
누군지 알 수 없는 너를

너는 나를 노크하고
나는 NO라고 하고
나는 너를 노크하고
너마저 NO라고 한다

너와 나, 우리 되어
노크하고 싶다
그림자라도 웃으며 만날 수 있을 날을
노크하고 싶다

—「누군가 나를 노크한다」 전문

가벼운 터치지만 이 시가 전하는 메시지는 결코 가볍지 않다. 우리는 소통을 바라지만 자주 벽에 부딪친다. 소통 부재의 현실 속에서 그래도 소통을 바라고 기다리는 모습은 바로 너와 나의 모습에 다름 아니다. 높은 완성도를 갖추고 있는 이 작품은 박준영 시 세계의 한 전범을 보여 주고 있기도 한다.

이 밖에도「원초적 본능」,「부빙」,「쭉정이가 된」,「일자리를 달라! 아니면 죽음을」,「날지 못하는 새」,「연락처 지우기」에서 보여 주는 표현들은 한결같이 넘치는 유머 속에서 자신의 메시지를 전하고 있다.

한국의 전통 예술, 문학에서 해학이 차지하는 위치는 매우 크다. 지정학적인 영향으로 외침이 잦았고, 가뭄과 홍수가 번갈아 왔던 농경시대를 거치면서 한국인들을 지탱시켜 준 것은 바로 이 해학 정신이었다. 이는 춘향이를 모진 매 속에서도 지켜 주었고, 홍부를 극심한 가난 속에서도 지켜 준 바로 그 정신이다. 국악에 대한 박 시인의 높은 관심과 함께 자연스럽게 눈뜬 이 해학적 표현들은 그의 시의 한 특징을 이루고 있는 것이 아닐까 한다.

이 시집에서는 또 박 시인의 자전적 모습을 만날 수 있다. 시는 어차피 자신의 모습을 담는 거울이지만 우리는 박 시인의 유년에서 고달픈 시대를 보냈던 그의 과거를 본다.

한이나 없게 시험이라도 한번 쳐 보라고
웬걸, 떡 하니 수석 합격!
전쟁 통에 장학금도 없던 그 시절
입학등록금을 꾸러 읍내 이 집 저 집 문고리를 잡는다

해는 뉘엿뉘엿 배에선 꼬르륵
마지막 두드린 대문 안을 들어서자
찬바람 사이로 된장 냄새, 목구멍을 타 내리는 쑥국
등록금은 못 빌려도 그 쑥국 한 그릇만 먹어 봤으면

어깨 축 늘어진 아버지의 다 떨어진 검정 고무신
뒤꿈치를 따박따박 따라 밟으며
봄은 진달래 진달래 오고 있었다
지금도 아버지 고무신 뒤축 그림자는
쑥국쑥국 그 시절 쑥국을 끓이고 있다

—「쑥국 냄새」 전문

아무런 감정의 이입이 없이 차분하게 그려낸 유년의 모습에서 우리는 '쑥국 한 그릇' 의 가난을 본다. 시에서처럼 소년 박준영은 수재였고, 당시 부산, 경남 지역의 대표적인 장학금을 받아 학업을 계속했다고 한다.

고향을 떠나 서울 산 지가 반백 년이 더 지났는데
엄마로 부르는지 음마로 들리는지 구별조차 못한다
마음을 마엄이라고 살아온 세월의 급물살 속에

엄마 사랑 내리내리 흘러내려
엄마의 마음인지 음마의 마엄인지
느껴 보지를 못하고 살아온 나날

획 하나 뒤집으면 마음속에 음마 계시고
엄마가 바로 그 마음이라는 걸
흰 머리 숨기려 머리에 까만 칠할 때마다
거울 속에 어려 오는 엄마의 초상

—「엄마의 초상」 전문

'ㅓ' 와 'ㅡ' 의 발음을 분간 못하는 경상도 출신의 동병상련을 소재로 해서 '엄마' 가 '음마' 가 되고 그것을 뒤집으면 '마음' 이 된다는 그 발상이 얼마나 재미있는가. 아무리 나이를 먹어도, 아니 나이를 먹어 갈수록 더욱 새록새록 그리워지는 것은 바로 그 '엄마의 마음' 이 아니겠는가? 경상도 방언에서는 그것이 결국 그것이다. 이 기막힌 발음의 조화라니…….

새 구두는 싫다
예쁘지만 발이 아프다
아픈 건 딱 싫다

헌 구두를 찾아 신는다
한 번은 새 거였을 내 구두
한 번은 새 거였던 마누라처럼

피부과에 밑창을 갈아 달라고 맡긴다
스포츠센터에서 새 끈을 조인다
휘둥그레진 눈으로 윤이 나는 헌 구두
다시 꺼내 달려 본다

함께한 세월이 약이던가
헌 구두처럼 편해진 마누라 얼굴
이제야 세월이 보이고 철이 드는 이 나이

—「헌 구두」 전문

이제 우리는 오늘의 시인의 모습을 만나게 되었다. 오랜 세월 함께한 헌 구두, 오랜 세월 함께 산 마누라처럼, 편안하고 푸근한 모습. 그것을 시인은 "이제야 세월이 보이고 철이 드는 이 나이"에 알게 되었다고 쓰고 있다. 헌 구두처럼, 오래 함께 산 마누라처럼 편해진 것은 바로 시인의 마음이다.

그것은 "그쪽에서는 꽃이 피었느냐고/ 무슨 색 꽃이 예쁘냐고/ 꽃 피는 소리는 어떻더냐고/ 시인답게 물어보니까// 이 실없는 놈아/ 옆집 쪽방 아픈 독거노인이나 찾아가/ 저녁은 드셨느냐고/ 차도는 있느냐고 그것부터 물어보라"는 마음이다. 이 발견, 깨침이 하루아침에 왔겠는가? 여기에 오기까지 얼마나 많은 시간의 헌신이 있었겠는가?

사람이 하는 일 가운데 가장 고귀한 것이 남을 위해 봉사하는 것, 더 나아가 남을 위해 희생하는 것이라고 한다. 이것은 〈십우도〉에서 '입전수수入廛垂手'를 선승의 가장 높은 경지로 보는 것과 마찬가지라고 할 것이다. 이는 또 남을 위해 하는 일이 자신을 구원하는 일이 되기도 한다는 것과도 상통한다. 이런 깨침의 세계를 시인은 우리에게 열어 보여 주고 있다. 고마운 일이다.

금부처 금부처 도금한 금부처야
도둑놈이 금칠을 벗겨 가도
쓰다 달다 가타부타 말이 없는 먹부처야

부처님은 바보
바보니까 부처
그런 거 안 가리니까 더 부처

거지도 부처
도둑놈도 부처
당신도 부처
우리 모두 부처

부처가 바보니까
우리 모두 바보

바보, 바보,
바보가 아름다운 세상

—「바보 부처」 전문

가만히 보면 이 세상은 도처에 부처님이 계신다. 집에는 남편이, 아내라는 부처님이 계시고, 직장에는 동료라는, 상사라는 부처님이 계신다.

심지어 감옥에도 죄수복을 입은 부처님이 계신다. 내 마음이 부처면 모두가 부처로 보이는 법. "도둑놈이 금칠을 벗겨가도/ 쓰다 달다 가타부타 말이 없는 먹부처" 처럼 부처인 우리 모두는 바보다. 이 바보들이 사는 세상이 비로소 우리들이 희구하는 평화의 세상일 것이라는 믿음을 시인은 보여 주고 있는 것이다.

이제 우리는 박준영 시인의 시 세계와의 행복한 만남을 마무리할 때가 되었다. 박준영 시인의 시 세계를 관류하고 있는 것은 불교적 상상력이다. 그가 멘토로 모시고 있는 붓다는 시적인 표현 속에 삼라만상을 아우르는 형이상학의 세계를 보여 주었다. 앞으로도 박 시인의 시 작업은 불교적 세계관 속에서 더욱 확장돼 나갈 것으로 보인다. 이것은 이번 시집의 마지막 시에서 시인 스스로가 제시하고 있기도 하다. 박준영 시인의 앞으로의 시업을 더욱 기대하는 이유가 거기에 있다.

,

,

또

,

—「잘 사는 길」 전문

시인 박준영 朴埈永

『한글문학』 김규동 시인 추천으로 등단
시집: 『도장포엔 사랑이 보인다』
『장안에서 꿈을 꾸다』
『얼짱, 너는 꼬리가 예쁘다』 외
"개구리 왕눈이" 등 한국 TV 만화영화 주제가 38편 작사
TBC(옛 동양방송) PD, 영화부장
KBS 편성국장, 대구총국장, TV본부장
KBS 미디어 대표이사
대구방송 사장
SBS 기획, 편성, 제작, 지원본부장
방송위원회 상임위원
한국방송영상산업진흥원장등 역임
현재 국악방송 사장
한국문인협회, 한국시인협회, 한국펜클럽회원

E-mail : jypark0033@hanmail.net
H.P. : 010-9447-0033

〈동물의 왕국〉
그림자를 베다

지은이 | 박준영
펴낸이 | 김재돈
펴낸곳 | 도서출판 시와시학
1판1쇄 | 2012년 12월 10일
출판등록 | 2010년 8월 10일
등록번호 | 제2010-000036호
주소 | 서울 종로구 명륜동1가 42
전화 | 744-0110
FAX | 3672-2674

값 10,000원

ISBN 978-89-94889-47-4 03810